TANNER
I LAS CIENI

Claudia J. Schulze /
Anke Hartmann

© Claudia J. Schulze & Anke Hartmann
Herstellung und Verlag: BOD- Books-on Demand, Norderstedt
ISBN: 978-3-7448-9741-9

Tanner był niespełna dziesięcioletnim chłopcem. Miał brązowe włosy i niebieskie oczy. Właściwie nie różnił się specjalnie od innych dzieci w jego wieku, z wyjątkiem może tego, że prawie zawsze otaczały go zwierzęta.

Zaczęło się to zaraz po tym jak nauczył się chodzić. Już od najmłodszych lat spędzał dużo czasu w lesie, oglądając zwierzęta. Nawet najbardziej płochliwe z nich, jak jelenie, nie uciekały przed Tannerem.

Czasami zatrzymywały się wprost przed chłopcem i przyglądały mu się ze spokojem.

Były tak piękne i majestatyczne, że Tannerowi zapierało dech w piersiach.

To były dla niego wyjątkowe chwile. Choć zwierzęta – wyposażone w rogi i kopyta – wyglądały potężnie, Tanner nigdy nie czuł się przez nie zagrożony. Kiedy patrzył w oczy jelenia, wiedział, że nic mu nie grozi – jak gdyby nikt nie mógł go skrzywdzić. Tanner miał wrażenie, że w lesie jest najbezpieczniej.

Uwielbiał wszystko, co mógł tam zobaczyć i spotkać. Źródłem zachwytu nie było jednak tylko to, co widział.

Las to uczta dla wszystkich zmysłów. Możesz poczuć jego zapach, dźwięk, dotknąć go, a nawet posmakować.

Wraz ze zmieniającymi się porami roku las wciąż przemieniał się w coś nowego. To również ekscytowało Tannera. W lesie właściwie wszystko było dla niego ciekawe. Wszystko mogło się tam wydarzyć. Cały las wraz z jego zwierzęcymi mieszkańcami zdawał się jednym wielkim cudem złożonym z mniejszych dziwów – jak na przykład oswojony krótkouchy królik o imieniu Roy, czy też Hubert, ciekawski dzik. Życie było wszędzie. Szczególnie latem, gdy pomiędzy drzewami wszystko migotało, mieniło się i szeleściło w najcudowniejszy sposób.

Gdy dziki pędziły przez podszycie lasu, potrafiły narobić prawdziwego łomotu, zaś jelenie poruszały się niemal bezszelestnie. Cała ta różnorodność i bogactwo małych szczegółów, które odnajdywał w swoim małym leśnym królestwie fascynowały go. Przez większość czasu, Tanner dosłownie żył w lesie.

Gdyby nie matka, naprawdę by tam zamieszkał. Kiedyś miał ojca i siostrę, ale już ich z nim nie było.

Tanner rzadko o tym mówił, ale w istocie został sam z matką. Dlatego też porzucił swój plan życia w lesie. W domu jednak mieszkało się dużo przyjemniej – szczególnie, gdy zapadała noc albo chwytały zimowe mrozy.

Oczywiście nie mógł wyobrazić sobie życia bez matki. Miał także kota, który nigdy nie opuszczał domu. Gdyby wybrał życie w lesie, musiałby się obyć i bez kota. Został więc w domu, stamtąd wyruszał na swoje wyprawy i tam wracał. Jednak nie odebrało to niczego magii lasu. Ogromną przyjemność sprawiało mu przyglądanie się, jak wiewiórki przeskakują z drzewa na drzewo. Też chciałby tak umieć. Gdy na krótką chwilę kolor ich futerka ocieplał kolorystykę lasu, zdawało się, że latają. Gdy chowały orzechy na zimę, zupełnie nie zwracały uwagi czy Tanner je obserwuje.

Musiały wiedzieć, że mogą mu ufać. Tanner nigdy nie skrzywdziłby żadnego zwierzęcia w lesie. Byłoby to nie do pomyślenia.

Zupełnie nie do pomyślenia. Gdyby miał wymienić rzeczy, które najbardziej lubi w lesie nie wiedziałby nawet od czego zacząć, było ich tak wiele. Lubił wydry i podziwiał z jaką elegancją sowy szybują po cichu po nocnym niebie.

Była wśród nich sowa imieniem Gerda. Tanner mógłby przysiąc, że wyczuwała, jak jej się przygląda i swoje przeloty obok jego domu wykonywała ze specjalną gracją. A patrzył na las każdej nocy. Tanner miał to szczęście, że żył tak blisko niego, że mógł obserwować niektóre zwierzęta z okna swojego pokoju.

Po ciężkim dniu nic nie uspokajało go bardziej niż wieczór spędzony przy oknie. Czasami zwierzęta podchodziły pod sam dom, a nawet zasypiały w pobliżu. Niewiele dzieci mogło czegoś takiego doświadczyć.

Po wyczerpującym dniu nic nie uspokajało Tannera bardziej niż te nocne godziny spędzone przy oknie na obserwacji zwierząt.

Było jednak coś innego, w czym Tanner różnił się

od innych, coś, co chciałby zmienić. Tanner miał trudności w nawiązywaniu kontaktów z innymi ludźmi, szczególnie dorosłymi. Byli równie nieprzewidywalni, co duzi. Ich wielkość, przeszywające spojrzenia i nienasycona potrzeba mówienia przytłaczały go. Byli wszędzie.

Tanner unikał ich, kiedy tylko mógł i wykazywał się przy tym nie lada kreatywnością. Szczególnie, gdy nieprzyjaźnie zwracali się do swoich zwierząt, jak drwal, którego chłopiec czasami widywał z psem. Kiedyś nawet zobaczył, jak mężczyzna próbuje kopnąć zwierzaka. Na szczęście chybił, jednak w tamtej chwili Tanner poprzysiągł sobie, że kiedyś da drwalowi nauczkę. Nie wiedział tylko jeszcze wówczas, w jaki sposób. Chociaż pies drwala wyglądał na pierwszy rzut oka dosyć groźnie, Tanner w ogóle się go nie bał, bo język ciała zwierzęcia wskazywał na przyjazne usposobienie czworonoga i umocnił przekonanie chłopca co do psa. Większe obawy wzbudzał w nim drwal.

Z ludźmi było inaczej niż ze zwierzętami. W zasadzie zupełnie inaczej. Tanner chciał pewnego dnia zostać weterynarzem.

Zwierzęta chyba już to wiedziały. Jak inaczej wyjaśnić fakt, że gdy jakieś zwierzę było chore, przychodziło lub przylatywało do niego?

Zjawiały się ptaki ze złamanymi skrzydłami, osierocone kurczęta, koty z urażonymi łapami i psy, które uciekły właścicielom.

Raz pojawiła się też sowa z raną dzioba, mała dzika świnka i kret zraniony spadającą cegłą.

Każde przybywało do Tannera na swój sposób, a on potrafił pomóc im wszystkim.

Sam fakt, że mógł coś dla nich zrobić był dla niego wszystkim. Niekiedy myślał, jak wspaniale byłoby, gdyby potrafił pomóc też sobie i mniej bać się ludzi. Była to jednak tylko przelotna myśl.

Choć zawsze potrafił znaleźć szybkie i właściwe rozwiązanie, gdy opatrywał złamane ptasie skrzydła, ratował motyle lub karmił pisklęta pipetą, nie wiedział, jak pomóc samemu sobie. Zupełną tajemnicą pozostawał dla niego sposób, w jaki mógłby zrobić coś podobnego dla siebie, mimo że było to konieczne.

Szczerze mówiąc, było to absolutnie konieczne. W szkole ledwo mógł wydukać sensowne zdanie, dawał się przepychać w kolejce w piekarni, ale jego największą zmorą był kierowca autobusu szkolnego. Tanner cały aż się trząsł za każdym razem, gdy musiał pokazać mu bilet. Gdy tylko spoglądał na niego jakiś dorosły, chłopiec nie mógł wydusić z siebie słowa. Niektóre dzieci w szkole zaczęły się z niego naśmiewać z tego powodu.

Szczególnie Kai, gwiazda drużyny piłkarskiej. Jednak Tanner nie mógł nic na to poradzić. Czuł się słabo zawsze, gdy widział kierowcę autobusu. Przestał wierzyć, że kiedykolwiek coś się zmieni. I rzeczywiście nic się nie zmieniało, przynajmniej dopóki chłopiec nie spotkał tajemniczego jeża.

Tamtego dnia Tanner usłyszał jakiś dźwięk.

Po chwili w stercie liści znalazł jeża, lecz gdy już miał wracać do domu, by wziąć dla niego z lodówki jajko, zwierzak zaczął syczeć. Syczał zupełnie wyraźnie.

Tanner był trochę zaskoczony. Nachylił się więc nad jeżem, by zobaczyć, czy jest chory lub ranny. Jego twarz znalazła się przy główce zwierzęcia. Z ulgą zobaczył, że oczy jeża są czyste, a nie mętne jak u chorego zwierzęcia.

– Cześć, Kłujek – powiedział łagodnie chłopiec. Uznał, że takie imię będzie pasowało. Chłopiec przekrzywił lekko głowę, by sprawdzić, czy jeż oddycha równo. Nagle poczuł, jak coś mokrego dotyka jego ucha. To jeż trącił go swoim malutkim wilgotnym noskiem w sam środek prawego ucha. Następnie odwrócił się i zniknął w ciemności przebierając swoimi krótkimi nóżkami. Tanner wpatrywał się w noc, próbując wypatrzyć Kłujka, jednak zwierzęcia nie było nigdzie widać. Na ziemi, wśród jesiennego listowia, po którym czmychnął jeż, leżało krucze pióro. Po zniknięciu Kłujka Tanner długo wpatrywał się w ziemię, aż w końcu postanowił wziąć chociaż pióro i wrócić do swojego pokoju. Nad łóżkiem znalazł dla niego dobre miejsce. Nie mógł zasnąć, bo myślał o Kłujku; jednak gdy w oknie pojawił się księżyc, malując na ścianie łagodny, miękki jak puch cień, chłopiec nagle poczuł zmęczenie.

Gdy zasnął, przyśnił mu się Kłujek. Jeż cichutko dreptał przez gęstą letnią łąkę, a Tanner wyczuwał jego położenie dzięki szeptowi poruszanej przez zwierzątko trawy.

We śnie Kłujek zawędrował bardzo daleko. Potrafił w nim znaleźć drogę przez wszystkie zakamarki lasu o każdej porze roku.

Trudno było spokojnie spać, gdy głowę

wypełniały myśli o jeżu.

Tanner myślał o nim nadal następnego ranka, gdy wsiadał do szkolnego autobusu.

Nawet ptak, który przysiadł na drzewie po przeciwnej stronie drogi nie mógł oderwać go od myślenia o Kłujku.

Kierowca podczas jazdy wpatrywał się w chłopca i był straszny jak zwykle. Tanner nagle poczuł się słabo, jak zawsze, gdy go widział.

Dzisiaj jednak było inaczej niż zwykle, choć
na początku wszystko wydawało się po staremu.

Ni stąd ni zowąd Tanner usłyszał dziwny dźwięk. Był to rechot żaby, który zdawał się wydobywać z ust kierowcy, mimo że ten nic nie mówił.

Było to tak zabawne i tak doskonale pasowało do twarzy kierowcy, że buzię chłopca nagle rozjaśnił szeroki uśmiech.

Tanner uświadomił sobie, że już się nie boi. Całkiem spokojny, pokazał żabie-kierowcy swój bilet. Następnie znalazł miejsce siedzące, nie mając już wrażenia wiotkości w kolanach.

Z początku nie przyszło mu do głowy, że jeż mógł mieć z tym coś wspólnego, ale wraz z upływem kolejnych lekcji Tanner zaczął dochodzić do wniosku, że to właśnie Kłujek zahipnotyzował go swoim małym noskiem.

Nauczyciel języka angielskiego nagle brzmiał jak włochaty, rozstrojony stary kocur.

Głos wuefisty przypominał pomruki surowego, choć nieco słabowitego osiołka, a piekarz wydawał z siebie urywane gruchanie dobroduszego pingwina. Nagle Tanner zrozumiał, że dźwięki pokazują mu kim byliby ci ludzie, gdyby byli zwierzętami.

Zrozumiał, że nie musi się już ich bać, bo już nie byli nieprzewidywalnymi gigantami. Gdy jednak wracał do domu, na nowo poczuł przypływ strachu. Zobaczył drwala, który brzmiał jak wielki rój poddenerwowanych os.

W jednej chwili Tanner zdał sobie sprawę, jak wielki dar otrzymał od małego jeża. Była to umiejętność oceniania ludzi uszami, dzięki której wiedział, kiedy należy się bać, a kiedy jest to zupełnie niepotrzebne.

Tanner pomyślał, że jeż także bałby się tego drwala. Na pewno wziąłby nogi za pas. To sprawiło, że chłopiec przestał wstydzić się swojej reakcji i zrobił dokładnie to samo. Zaczął uciekać ile sił w nogach. W domu opowiedział mamie, którą zastał bawiącą się z kotem, o jeżu Kłujku i drwalu, który zawsze źle traktował swojego psa oraz o tym, jak uciekł z powodu okropnego dźwięku wydawanego przez poirytowane osy.

– Sądzę, że ten jeż był aniołem – powiedziała mama. Zawsze porównywała wszystko do aniołów. – Kłującym aniołem – dodała.

– Kłującym aniołem? – spytał zdziwiony Tanner.

– Oczywiście, że tak – odpowiedziała.

– Dlaczego? – dopytywał się chłopiec.

– No cóż. To jasne jak słońce – mama nagle spoważniała. – Bo pokazał ci, jak możesz chronić samego siebie!

Tanner zrozumiał.

– Tak, racja, czasami muszę chronić się sam – przyznał.

Na chwilę jego myśli powędrowały ku Tacie i siostrze Kathcie, którzy odeszli, a ich grobu chłopiec nie odwiedzał od dnia pogrzebu. Od tego czasu zawsze brakowało mu odwagi. Nikt nie był w stanie zmusić go, by stanął przed tym grobem. Tata i starsza siostra Katha zginęli wwypadku. Od tamtego dnia Tanner nigdy nie czuł się bezpieczny. Kiedyś Katha często pokazywała mu kwiaty na łące a ojciec nosił go na barana i opowiadał o nazwach gwiazd na niebie.

Tanner pamiętał brązowe włosy siostry i sposób, w jaki się śmiała. Wiedział, że przy niej i przy Tacie mógł czuć się bezpiecznie.

W najsłodszych wspomnieniach wszyscy – mama, tata, Katha i Tanner – siedzieli na ganku albo Katha i Tanner razem szukali kwiatów.

Niestety, podobnie jak kapryśny motyl, Katha

wymknęła się mu. Oboje odeszli na zawsze. Przynajmniej tego się bał, a wizyta przy ich grobie tylko wzmocniłaby to odczucie.

Życie czasami wydawało mu się bardzo niebezpieczne. Niebezpieczne i puste.

W takich momentach najbardziej lubił być sam. Partner do rozmowy byłby wtedy tylko utrapieniem. Lecz teraz, gdy poznał Kłujka, było inaczej. Tanner uśmiechnął się do mamy. Mama odwzajemniła uśmiech i postawiła na stole buteleczkę z jedzeniem.

– Dla Kłujka. Podała Tannerowi miseczkę. Chłopiec otworzył butelkę i wyszedł na taras, a następnie napełnił naczynie zawartością butelki.

Tej nocy nie widział Kłujka. Kolejne wieczory również nie przyniosły śladu zwierzęcia. Tanner każdej nocy wystawiał jednak miskę z jedzeniem w miejscu, w którym spotkał Kłujka po raz pierwszy. Wiedział, że to dzięki spotkaniu zjeżem bał się teraz znacznie mniej. Chociaż go nie widział, czuł, że Kłujek musi być gdzieś niedaleko.

Było to silne odczucie, choćby z jednego powodu:

Każdego ranka naczynie było puste.

Następne miesiące przyniosły coś zupełnie nowego: Kai – chłopiec ze szkoły, który wcześniej nabijał się z Tannera – został kimś w rodzaju jego przyjaciela. Miało to najpewniej związek z tym, że Tanner pomógł jego staremu kotu, przez co Kai zmienił się. Zaczął stawać się jego prawdziwym przyjacielem.Pewnego razu podarował Tannerowi stary odbiornik – specjalne radio do jego domku na drzewie. Następnego dnia wszystko wydawało się być na swoim miejscu do tego stopnia, że chłopiec niemal cieszył się na myśl o pójściu do szkoły. Mógł tam spędzić trochę czasu z Kaiem. Nagłe gwizdnięcie wyrwało go z rozważań: – Hej, Tanner!

Był to Kai. Uśmiechał się dumnie prezentując szeroką szparę między zębami. Tanner ucieszył się na jego widok. Razem poszli przez las do szkoły.

Pani Maida, nauczycielka, była w ciąży, więc klasa Tannera miała lekcje z inną klasą z tego samego rocznika. Zajęcia prowadziła pani Kirchberger, nauczycielka na zastępstwie, która raczej nie przepadała za Tannerem. Dlaczego tak było? Nikt nie miał pojęcia.

Tanner wiedział jedno – że u niej musi starać się dwa razy mocniej, bo inaczej wpadnie w tarapaty. W tym tygodniu miał przedstawić w klasie prezentację o zimowym życiu zwierząt. W drodze do szkoły ćwiczył z Kaiem. Chłopiec zdawał sobie sprawę, że z panią Kirchberger nie ma żartów. Była nawet gorsza od drwala, którego wcześniej tak się bał.

Z nauczycielką sprawa była trudniejsza. Drwal wyraźnie brzmiał jak podrażnione osy – można było z tego wyciągnąć jakieś wnioski. Od pani Kirchberger nie słyszał żadnego dźwięku. Ani jednego. Było to o wiele gorsze. Gniewny spokój, który mógł skończyć się w każdym momencie i dać początek czemuś groźnemu.

Stało się tak właśnie tego dnia. Tanner miał zaprezentować temat „Zwierzęta zimą". Właśnie wymienił dokładnie, które ptaki odlatują na południe, a które pozostają w zimniejszych klimatach.

Gdy zaczął mówić o krukach, Angelina ze środkowego rzędu wypaliła, że to okropne ptaki, bo przynoszą tylko pecha.

Do tego są kiepskimi rodzicami, zauważyła pani Kirchberger i dodała, że na kogoś, kto zaniedbuje swoje dzieci można by z powodzeniem mówić „kruczy rodzic".

Tanner nie mógł uwierzyć, jak niemądre było to, co właśnie powiedziała nauczycielka, nawet jeśli prowadziła tylko lekcje na zastępstwie. To, że Angelina tak powiedziała wcale nie było dużym zaskoczeniem. Nie miała przecież o tym pojęcia. Mając taką nauczycielkę jak pani Kirchberger trudno było zresztą oczekiwać, że dzieci nauczą się czegokolwiek przydatnego.

– To nieprawda! – wykrzyczał, pewnie głośniej niż na początku chciał, ale nie dbał o to. Zamiast tego kontynuował – To tylko głupie uprzedzenie i idiotyczny przesąd!

Tanner był naprawdę wściekły.

— Skąd możesz to wiedzieć? — pani Kirchberger

popatrzyła na niego tak protekcjonalnie, jak tylko mogła. Większość dzieci uciszyłoby już samo jej surowe spojrzenie i przenikliwa ironia słów. Tanner nie poznawał sam siebie.

Stał przed klasą wyprostowany i odważny.

Nie spuszczając głowy, spojrzał pani Kirchberger prosto w oczy

– Wiem to, bo w moim lesie jest wiele kruków, a znam je od kiedy pamiętam.

Pomyślał o Kieranie, oswojonym kruku, a także o maleńkiej Ruby, która zmarła ostatniej wiosny. Przypomniał sobie, jak wszystkie kruki z lasu zebrały się na drzewach wokół biednej martwej Ruby i krakały na jej cześć długą pieśń pogrzebową.

– To naprawdę bardzo towarzyskie zwierzęta – dodał – w przeciwieństwie do pani, pani Kirchberger. Te ostatnie słowa wypowiedział tylko w myślach. Uświadomił sobie, że posunąłby się za daleko i ugryzł się w język, nie wypowiadając tego, co naprawdę chciał. Ale jeśli chodzi o panią Kirchberger, Tanner i tak przeciągnął strunę.

– W twoim lesie? – spytała pogardliwie – A to zapewne jest twój pokój?

Niektóre dzieci parsknęły śmiechem. Wśród nich była Angelina. Inni milczeli i wydawało się, że czują się niezręcznie.

– W takim razie – dodała. – Aby uniknąć wszelkich nieporozumień, poproszę teraz klasę, by oceniła twoją pracę.

Rozejrzała się po klasie z udawanym skupieniem na twarzy i wskazała palcem Angelinę.

– Ty tam, Angelina, jak podobała ci się prezentacja Tannera?

Angelina odparła, że zupełnie jej się nie podobała i że zasługuje tylko na jedynkę. Pani Kirchberger uśmiechnęła się z zadowoleniem i zanotowała coś w dzienniku.

– Bzdura! – krzyknął Kai. – Tanner naprawdę wymienił wszystkie ptaki, przyniósł zdjęcia i dobrze i pouczająco wszystko opowiedział!

Po krótkiej przewie na uspokojenie mówił dalej:

– To było naprawdę świetne, Tanner zasłużył na najlepszą ocenę, szóstkę!

Kai był cały podekscytowany i czerwony na twarzy.

– Natychmiast się uspokój – wysyczała groźnie pani Kirchberger.

– Chyba nie wydaje ci się, że twoja opinia ma jakiekolwiek znaczenie.

– Dlaczego nie? – spytał zupełnie zdezorientowany chłopiec.

– To chyba oczywiste! – jej głos był równie słodki co złośliwy.

– Jest przecież twoim przyjacielem! Czy naprawdę uważasz, że będę brać na poważnie głosy przyjaciół? – potrząsnęła głową z udawaną rozpaczą, a następnie parsknęła z oburzeniem.

– Byłoby miło. Prawda? – pani Kirchberger osunęła się na krzesło nauczycielskie i powiedziała:

– Poza tym nie wywołałam cię do odpowiedzi. Jeśli myślisz, że ta klasa należy do ciebie, jesteś równie szalony, jak ten tutaj. – skinęła w stronę Tannera. – Ale... – zająknął się Kai. Tanner uniósł dłoń w jego kierunku. Nie chciał by Kai wpakował się w jeszcze większe tarapaty.

To była nierówna i beznadziejna walka.

– Ja też uważam, że to była dobra prezentacja!

Stanowczy głos z pierwszej ławki należał do Jany, dziewczynki, na którą Tanner coraz częściej zwracał uwagę.

Jana nosiła okulary w różowych oprawkach i miała brązowe oczy z małymi zielonymi kropkami.

– Wszystko ci się zawsze podoba. – ziewnęła pani Kirchberger. – To nieprawda... – Jana próbowała wyjaśnić, dlaczego praca Tannera szczególnie przypadła jej do gustu, lecz pani Kirchberger nie pozwoliła jej dość do głosu.

Tanner próbował zgadnąć kogo lub czego Jana mogła nie lubić. Przychodziła mu do głowy właśnie pani Kirchberger.– Wy dzieciaki przyprawiacie mnie o mdłości – skarciła ich nagle. – Za każdym razem, gdy wracam do domu ze szkoły muszę napić się przynajmniej brandy!

Nie brzmiało to najlepiej. Tannerowi nie wydawało się to normalne.

Mimo wszystko był z siebie dumny. To był dobry początek.

Po powrocie do domu opowiedział mamie o tym, jak pani w szkole wygłupiła się w sprawie kruków.

– Tanner – głos mamy zrobił się surowy. – To niedopuszczalne mówić, że twoja nauczycielka jest głupia! Musisz to odszczekać!

Tanner nie odpowiedział. Zamiast tego opowiedział jej o alkoholu, który pani Kirchberger pije zaraz po powrocie z pracy. – Może po prostu pani Kirchberger powinna zająć się czymś innym – zasugerowała mama w odpowiedzi.

– A może po prostu ludzie muszą czasem oderwać się od zmartwień. – dodała.

Oczywiście pani Kirchberger nie mogła w żaden sposób usłyszeć tej rozmowy.

Gdy Tanner omawiał z mamą ten temat nawet kota nie było w pobliżu.

Chłopiec był więc bardzo zdumiony, gdy okazało się, że następnego dnia nauczycielka nie pojawiła się w szkole. Ale kto to wie. W końcu była nauczycielką. Nie mogła być w końcu aż tak głupia. Mogła przecież sama dojść do wniosku, że przyda jej się przerwa. Gdy Tanner zastanawiał się, czy mogłaby teraz na przykład zajmować się wypasem owiec albo wyrobem glinianych naczyń gdzieś w ciepłych krajach, do sali weszła pani Schoenfelder, dyrektorka. Tanner zawsze ją lubił, a gdy ogłosiła, że w ciągu następnych kilku tygodni przejmie nauczanie klasy, przyjął tę wiadomość z zadowoleniem. Pani Schoenfelder była miła i życzliwa. Cechowało ją wewnętrzne piękno, była niczym jeleń stojący w środku lasu. Wspaniały i łagodny jeleń.

– Czy chciałbyś przedstawić swoją pracę dzisiaj, Tanner? – spytała bardzo delikatnie.– Niestety nie miałem jak się przygotować do lekcji. – przyznał Tanner, mówił jednak dalej. – Dzisiaj – zaczął – chciałbym przejść do tematu kruków.

Wyjął długopis z kieszeni i podniósł do góry. Tak zaczął się jego wykład. Od minionej wiosny, od kruka Kierana i tego, że te ptaki to wspaniali przyjaciele i dobrzy rodzice. Opowiedział o Ruby, małym zranionym kruku, którego pochował i o Kieranie, który go pocieszał i który spędził z nim noc w domku na drzewie po śmierci Ruby.

Mówił też o wszystkich tych krukach, które przybyły skarżyć się na śmierć Ruby, opisując dokładnie, jak bardzo wzięły sobie do serca odejście tej małej ptaszyny.

– Kruczy rodzice to dobrzy rodzice – podsumował Tanner.

Tym razem prezentacja okazała się wielkim sukcesem. W normalnych okolicznościach pozwoliłoby to Tannerowi na zawsze zapomnieć o pani Kirchberger. Wkrótce jednak pojawiło się kolejne zmartwienie. Następnego dnia Tanner zupełnie nie ucieszył się z wiadomości przekazanej przy śniadaniu, że Sam, syn przyjaciółki mamy, Renée, przyjedzie mieszkać z nimi przez kilka tygodni. Sam miał tylko pięć lat, więc nie stanowił konkurencji dla kogoś, kto ma już prawie 13 lat, jak Tanner. Jednak były również inne wieści. Mama próbowała wyjaśnić tę kwestię. Starała się unikać słowa „niepełnosprawny", więc powiedziała coś o „dzieciach słońca" i zespole Downa oraz o tym, że Sam widzi świat inaczej niż ludzie bez tej trisomii (taka jest nazwa medyczna tej przypadłości), a także, że nie należy się z niego śmiać z tego powodu. Tannerowi ciężko było zrozumieć, o co naprawdę jej chodzi. Wiedział jednak dobrze, jak to jest, gdy inni się z ciebie śmieją. Nigdy by wiec nie pomyślał, by się z kogoś śmiać - to było pewne. Mama powinna znać go już na tyle, by to wiedzieć.

– Naprawdę? – powiedział umyślnie przeciągając zgłoski, by dać jej do zrozumienia, że pewnych rzeczy nie musi mu już tłumaczyć. Mama jadła dalej z wyraźną ulgą, że nie musi już wyjaśniać wszystkiego. Starała się nie mówić z pełną buzią, więc żuła i chrupała, a Tanner zastanawiał się, gdzie Sam mógłby spać.

Nagle wydało mu się zupełnie stosowne zaproponować, by Sam mógł mieszkać razem z nim w pokoju. Mama przestała na chwilę przeżuwać. Była wyraźnie uszczęśliwiona. – To doskonały pomysł – powiedziała wyjątkowo z pełną buzią, a jej oczy zrobiły się radośniejsze. Sam mógł spać na kanapie, ale wtedy Tanner nie miałby okazji pokazać mu sowy Gerdy.

Pomyślał, że Gerda mogłaby pomóc Samowi uporać się z tęsknotą za domem.

W końcu Sam miał zaledwie pięć lat i miał zostać z osobami, których nie znał przez kilka tygodni. Tanner nie był pewny czy Sam sobie z tym poradzi. Uznał więc, że pokazując Gerdę Samowi, może mu pomóc. Sowa była urocza i nocami krążyła wokół domu.

Przy przyjeździe Sama Tanner musiał przypomnieć sobie to, jak opisywała go mama. „Dziecko słońca" mówiła. Określenie to pasowało całkiem dobrze. Sam faktycznie wyglądał jak śmiejące się małe słońce. Nawet po tym, jak jego mama odjechała, uśmiechał się promiennie i chciał złapać kota, by trochę go pogłaskać.

Udało mu się dotknąć kociego ogona tylko raz, ale zwierzak już zdążył uciec.

– Zakocha się w Gerdzie – pomyślał Tanner. Jego radość rosła przez cały wieczór. Nie mógł się tego doczekać.

Gdy Sam wyszedł z łazienki, a Tanner chciał umościć się wygodnie na materacu obok łóżka, nastrój Sama nagle się zmienił. Chłopczyk zaczął usilnie wzywać mamę, a ani Tanner, ani jego mama nie wiedzieli, co robić.

Na szczęście pojawiła się kotka. Tym razem była milsza niż rano. Sam, którego wyciszała jej obecność, obserwował ją z wielkim zainteresowaniem. Kotka podeszła do jego niewielkiej, okrągłej buzi i delikatnie skubnęła go w nos.

Na jego twarzy natychmiast zagościł uśmiech, początkowo podejrzliwy, a później znów promienny.

– Słodki kotek – wyszeptał uradowany.

Mama odetchnęła z ulgą.

– Śpij dobrze. – pociągnęła drzwi i wychodząc powiedziała do gościa – Sam, jeśli będzie ci czegoś potrzeba, po prostu zawołaj mnie lub Tannera, dobrze? Sam jednak jej nie słuchał. Zafascynowany wpatrywał się w kota, który zwinął się w kłębek obok nogi łóżka.

Wyglądało na to, że kotka podjęła już decyzję o tym, że zostaje z chłopcami na noc, a Tanner nie miał zamiaru odwodzić jej od tego. Po kilku minutach Sam spał równie mocno, co kotka. Przez moment Tanner zastanawiał się, czy powinien go obudzić.

Gerda niedługo powinna przelatywać blisko domu. Jednak gdy zobaczył, jak spokojnie śpi, postanowił już nie budzić chłopca. Zamiast tego podpełzł do okna, z którego nie niepokojony mógł obserwować jej nocne loty. Tanner już myślał, że zrobi Samowi niespodziankę następnego dnia, lecz ten już nie spał i patrzył razem z nim szeroko otwartymi oczami. − Hej, Sam, pokażę ci coś bardzo fajnego! − Tanner natychmiast obiecał. Sam uśmiechnął się od ucha do ucha. − Pokażę ci sowę. − S... SOWĘ? − Sam zaczął płakać. − Zakryj okno, proszę! − cały aż się trząsł. Całkiem zaskoczony, Tanner zamknął żaluzje. Wieczorne światło wpadało teraz do pokoju tylko przez kilka wąskich szczelin.

− Zamknij, zasłoń − jęczał Sam. − A jeśli sowa zobaczy mnie przez szparę przy parapecie? − wyglądał na zdesperowanego.

Tanner chciał pomóc chłopcu. W końcu miał dopiero pięć lat.

Tanner całkowicie zamknął żaluzje, by Sam mógł się uspokoić. Chłopiec zaczął wyć − Jest ciemno! Zapal światło! − łkał Sam.

Tanner szybko sięgnął do włącznika światła.

– Teraz już jest jasno, Sam – powiedział, starając się zachować spokój. – Dobrze – odpowiedział chłopczyk.

– Dziękuję – teraz w jasno oświetlonym pokoju Sam zwinął się w kłębek na brzegu łóżka i błyskawicznie zasnął. Na jego śpiącej twarzy wciąż było widać łzy, ale oddychał spokojnie. Następnej nocy Tanner też musiał zamknąć żaluzje i zapalić światło. Tym razem Sam nie zasnął natychmiast. – Opowiesz mi historię? – zapytał. Opowiedział mu więc o Mii, jego koleżance oraz o tym, jak Mia zupełnie niczego się nie boi. Oczywiście było w tym trochę przesady, ale Sam słuchał z zainteresowaniem. – Czy Mia nie boi się sów? – Tanner potrząsnął głową.

– Wcale się nie boi.

– Ale boi się, gdy robi się ciemno?
Chłopiec znów potrząsnął głową. Na Samie wyraźnie zrobiło to wrażenie.
– Ja też kiedyś bardziej się bałem niż dzisiaj – powiedział Tanner, by Sam nie czuł się taki słaby.

Chłopczyk popatrzył na niego pytająco. Tanner nagle wpadł na pomysł. Może mógłby mu coś pokazać. – Chodź, pobawimy się w grę cieni na ścianie! Wygiął trochę lampę, by światło mogło lepiej rzucać cienie. Następnie zaczął składać dłonie, tworząc z nich figury, których powiększone cienie ukazywały się na ścianie. Pokazywał Samowi różne kształty: bociana, słonia, kota. Chłopcu szczególnie do gustu przypadł ten ostatni.

– Teraz jest taki wielki – szepnął.

– Spójrz na to – powiedział Tanner – Robię to wszystko samymi rękami. Nie musisz się bać. To wcale nie duży kot. To tylko cień. Cień mojej dłoni. Widzisz? Czasami rzeczy wydają się dużo gorsze niż naprawdę są.

Sam skinął głową, jednak Tanner nie był pewny, czy faktycznie zrozumiał. Ale właśnie w tym momencie to jego olśniło. Zrozumiał to teraz tak dobrze, że pamiętał o tym nadal po kolejnym pobycie Sama, który w końcu przestał się bać Gerdy.

Po wyjeździe Sama, głowę Tannera zaprzątało już zupełnie co innego. Nie wiedzieć czemu nie mógł przestać myśleć o pani Kirchberger.

Przez pierwsze kilka tygodni wszystko było w porządku, ale im dłużej jej nie było, tym większy niepokój czuł Tanner.

Po kilku tygodniach nie mógł już tego znieść i postanowił pojechać na rowerze pod jej dom.

Na dole, przy furtce widniało wiele nazwisk, nie tylko jej. Po chwili wahania zadzwonił dzwonkiem obok jej nazwiska. Głośne skrzypnięcie zmroziło mu krew w żyłach. Następnie rozległo się buczenie otwieranych drzwi.

Ktoś w środku po prostu przycisnął przycisk, nie pytając, kto dzwoni. Tanner zawahał się przez chwilę, a następnie zaczął wchodzić po schodach aż dotarł do otwartych drzwi, w których stała pani Kirchberger we własnej osobie. Powitała go spojrzeniem pełnym zdziwienia.

Tak naprawdę nie było to powitanie, a raczej pytanie „co tutaj robisz?" wyrażone najpierw bez słów, a później na głos. Tanner spojrzał na nią i zamyślił się. Gdy myślał o swojej odpowiedzi, uświadomił sobie, że pani Kirchberger wygląda na naprawdę chorą. Nic dziwnego, że jeszcze nie wróciła do szkoły. Nawet po dłuższym zastanowieniu, Tanner nie był w stanie udzielić odpowiedzi na jej pytanie, bo tak naprawdę nie wiedział, co tam robił.

– Ja, uhhhhh... – to było dopiero żenujące.

Jednak nawet jeśli nie wiedział, co powiedzieć, pomyślał, że dobrze, że tu przyszedł.

– W takim razie zapraszam do środka, Tanner – powiedziała pani Kirchberger, oschle jak zawsze, ale z lekką, ukrytą nutką życzliwości w oczach, której istnieniu z pewnością by zaprzeczyła.

Przynajmniej zaprosiła go do mieszkania. Wiedział, że w końcu będzie musiał porozmawiać z panią Kirchberger. Ale o czym? Drzwi zamknęły się za jego plecami. Wszędzie na ścianach przedpokoju wisiały obrazy gór i szczytów górskich, ale były do siebie tak podobne, że Tanner nie miał pewności, czy przedstawiały wiele różnych szczytów, czy też może była to jedna góra ukazana z różnych perspektyw. Buty pani Kirchberger były eleganckie i uporządkowane według wielkości.

Największe, przeznaczone do wędrówek, stały na przedzie. Na szarym końcu znajdowały się eleganckie, czarne trzewiki wieczorowe, a gdzieś pośrodku Tanner zobaczył tę parę obuwia, którą pani Kirchberger zawsze zakładała do szkoły.

W tym przedpokoju było naprawdę dużo butów, a na ścianach wisiało naprawdę wiele szczytów górskich.
Pani Kirchberger otworzyła drzwi do kuchni i spytała: – Napijesz się czegoś?

Tanner skinął głową. Nie śmiał mówić, na co naprawdę ma ochotę, chociaż właśnie zdał sobie sprawę, że napiłby się gorącego kakao.

Takiego z małymi kawałkami czekolady, jakie przygotowywała babcia, gdy denerwował się z jakiegoś powodu lub też gdy przejmował się czymś zupełnie bez powodu. Wciąż czuł się trochę zagubiony i nie na miejscu. Gdyby tylko udało mu się przekonać Kaia, by ten poszedł razem z nim... Pani Kirchberger zostawiła drzwi do kuchni otwarte, a Tanner obserwował jak nalewa wody mineralnej do szklanki, skupiając się na kwiatach w pokoju.

Nagle, gdy się tak jej przyglądał, Tanner uświadomił sobie, że nie tylko on zmaga się ze swoimi nerwami.

Powoli wszedł za nią do kuchni, wziął szklankę, skinął głową w podzięce i usiadł przy stole na narożniku.

Pani Kirchberger zatrzymała się i gorączkowo zaczęła polerować ściereczką zastawę leżącą przy zlewie.

Zegar kuchenny tykał, głośno i nieprzerwanie przecinając ciszę. Pani Kirchberger włączyła radio, a pomieszczenie wypełniło się znajomym, niskim, przyjacielskim głosem prezentera. Nagle Tanner usłyszał jak ponad tym głosem z jego własnych ust padają słowa:

– Chciałem wiedzieć, dlaczego pani jest taka, jaka jest.

No cóż, stało się. Pani Kirchberger przerwała okrężne ruchy dłonią, którą polerowała sztućce i spytała – Dlaczego? Wyglądała na całkowicie zaskoczoną.

– Nie wiem – odpowiedział Tanner.

Tak było. Naprawdę tego nie wiedział.
Tymczasem spojrzał na nią. Wiedział, że nie traktowała go dobrze, nie była taka, jaka powinna być nauczycielka. Sama zresztą też to wiedziała. Może chciał się po prostu dowiedzieć, dlaczego była taka niemiła lub dlaczego zrobiła to, co zrobiła.

Nie przychodziło mu do głowy nic sensownego. Mężczyzna z radia wciąż mówił. Jego przyjemny dla ucha głos pomagał uniknąć niezręcznej ciszy podczas tej szarpanej konwersacji.

W końcu Tanner wydusił z siebie:

– Chciałem wiedzieć, dlaczego pani jest taka...

Zaczął, a gdy to mówił głos z radia ucichł i w pokoju zaczęła rozbrzmiewać płytka melodia. Pani Kirchberger spojrzała na niego jakby rażona piorunem. Tanner nie odwrócił jednak wzroku. Patrzył na nią, jak gdyby jedyną odpowiedzią, którą mógłby zaakceptować była prawda i tylko prawda. Pusty, zmęczony wyraz twarzy pani Kirchberger zmienił się.

Nie stało się to jednak nagle, był to raczej powolny proces, w ramach którego różne emocje przewijały się na jej twarzy. Pojawiały się i znikały. W końcu pozostało tylko jedno odczucie: złość.

– Chcesz wiedzieć, dlaczego nie jestem przyjemną, miłą nauczycielką, taką, jak z pobożnych życzeń przedszkolaka?

Porywistym ruchem rzuciła na stół łyżkę i widelec, które wcześniej polerowała na wysoki połysk.

Tanner skinął głową, trochę przestraszony.

– A czy wyobrażasz sobie – dopytywała Pani Kirchberger – że kiedyś byłam taką właśnie doskonałą nauczycielką?

Tanner nie śmiał odpowiedzieć przecząco. Po pierwsze byłoby to niegrzeczne, a z drugiej strony zaświtało mu, że za tym pytaniem kryje się już ukryta odpowiedź.

Nawet jeśli chciałby odpowiedzieć na jej pytanie, nie miał pojęcia jak na nie zareagować.

Pytanie to było oczywistym wstępem do tyrady, która miała nieuchronnie potem nastąpić.

– Tak, kiedyś taka byłam, możesz mi wierzyć – grzmiała.

– Wtedy nawet nie wiedziałam, w jakie podłe kreatury dzieci potrafią się zmieniać.

To, co zaczęło się od wielkiej złości w głosie, równie gwałtownie skończyło się godnym politowania, sfrustrowanym westchnieniem i ciszą, która rozładowała całe napięcie.

Wcześniej w niej skupione, drżało i wzbierało, jak niewidzialne fale, a teraz stawało się mniejsze i spokojniejsze. Tanner pomyślał o wszystkich tych bezimiennych dorosłych, których tak bardzo się obawiał zanim poznał Kłujka.

Nawet jeśli to, co właśnie powiedziała pani

Kirchberger wydawało się trochę dziwne, Tanner od razu wiedział, co miała na myśli. Rozumiał, że jej ogromny strach przed dziećmi musiał być równie wielki co jego przed dorosłymi. Może też nie była w zupełnym błędzie. Z własnego doświadczenia wiedział, jak bardzo złośliwe potrafią być niektóre dzieci. W tej kwestii nie różniły się zbytnio od dorosłych.

Zwłaszcza gdy nie znałeś ich jeszcze dobrze i nie zaskarbiłeś sobie ich zaufania, jak pani Kirchberger.

Nagle Tanner wpadł na pewien pomysł. Jeśli pani Kirchberger też miałaby takiego przyjaciela jak Kłujek – pomyślał – zobaczyłaby, że większość dzieci ma głosy jak małe myszki. Te małe myszki potrafiły się tak ustawić, że ich cienie wydawały się duże i niebezpieczne. Lecz w istocie były tylko myszami, no może w najlepszym razie zającami. Z pewnością Kłujek byłby właściwym przyjacielem również dla pani Kirchberger. Podczas gdy Tanner rozmyślał, nauczycielka opadła na krzesło. Jedno było jasne – wstydziła się tego niekontrolowanego wybuchu emocji. Nietrudno było to wyczytać z jej twarzy. Wtedy Tanner odetchnął i opowiedział jej wszystko o magicznym jeżu Kłujku. Nie pominął żadnego szczegółu. W miarę jak opowiadał, na twarzy nauczycielki znowu pojawił się kolor.

Nagle wydała się mu dość młoda i ładna. Gdy na nią patrzył, pomyślał, że mogła tak wyglądać zanim stała się obecną panią Kirchberger, która tak mu dokuczała. Na chwilę znowu zapadła cisza. Głos z radia ogłosił coś o ponownym otwarciu centrum handlowego. Wtedy pani Kirchberger zaczęła mówić.

Była to historia pod tytułem „Alegoria jaskini" pewnego mędrca, starożytnego filozofa z Grecji. Opowiadała o ludziach uwięzionych w ciemnej jaskini, w taki sposób, że nie widzą siebie nawzajem ani niczego, co dzieje się poza nią. Mogą patrzeć tyko na cienie na ścianie i myślą, że to one są rzeczywistym światem.

Coś w tym było. Tanner czasami czuł się trochę dziwnie słuchając tych wszystkich zwierzęcych głosów – dźwięków przypisanych do poszczególnych osób. Kiedy jednak wysłuchał „Alegorii jaskini" wszystko dużo lepiej do siebie pasowało.

Dzięki pomocy Kłujka udało mu się wyjrzeć nieco

z jaskini i zobaczyć coś więcej niż tylko cienie na ścianie. Pani Kirchberger też widziała więcej, teraz już to wiedział i usłyszał.

Zadowolony, dopił do końca wodę.

– Musze już iść – powiedział. Pani Kirchberger odprowadziła go do drzwi. Gdy schodził, słyszał echo własnych kroków. Pani Kirchberger stała w oknie, lecz wyglądała inaczej, jakby zmieniła się na kilka różnych sposobów. Zmian tych nawet nie był w stanie opisać. Nie powiedział jej, że udało mu się usłyszeć, jakim była zwierzęciem – pani Kirchberger była kosem. Z pewnością za jej cieniem kryło się znacznie więcej. Tak to było z cieniami.

Gdy odjeżdżał, wiedział, że odwiedziny były dobrym pomysłem.

Uleciał z niego cały strach i przez chwilę poczuł się zupełnie nieustraszony.

Nie wiedzieć czemu obrał drogę biegnącą w kierunku cmentarza. Na rowerze było to całkiem blisko. Ten grób mógłby znaleźć z zamkniętymi oczami – znajdował się zaraz za pierwszą aleją od głównego wejścia, dokładnie pod sosną.

Jednak tego dnia zamykanie oczu nie wchodziło w rachubę. Ich imiona były wyryte na nagrobku, ale chłopiec wiedział, że jest on tylko cieniem. Pomnikiem.

Niczym więcej. Grób był pięknie przyozdobiony,

paliła się świeczka. Pewnie niedawno była tu mama. Czy wiedziała to, co Tanner właśnie sobie uświadomił? Ani Taty, ani Kathy tu nie było – było to tylko miejsce, w którym wspomina się zmarłych. Jedynie cień tego, kim byli Tata i Katha.

Nagle przypomniał sobie, co rzeczywiście usłyszał jakiś czas temu w lesie.
Oni byli tam razem z nim. Zawsze znajdowali się w pobliżu. Nie można było już ich zobaczyć, ponieważ wyszli z cienia. Nikt, kto wciąż żył wśród cieni, nie miał dostępu do tego, co kryło się za nimi.

W środku swojego lasu, tego cudownego lasu, do którego wracał co wieczór, chłopiec uzmysłowił sobie, co – i kto – czeka na niego za cieniem. Pewnego dnia w przyszłości, gdy las niezliczoną ilość razy przemieni się na nowo. Pierwszym ze swoich zwierzęcych przyjaciół, którego spotkał, gdy wrócił do lasu był Hubert, oswojony dzik.

Hubert był ciekawski jak zawsze, lecz Tanner nie chciał rozmawiać o pani Kirchberger ani nie miał ochoty opowiadać o cmentarzu.

Ciekawski dzik spojrzał na niego przebiegle, ale Tanner był niewzruszony.

Hubert naprawdę nie musiał wszystkiego wiedzieć. A zwłaszcza tego.

Chciał zachować te słowa dla Kłujka, mamy, może dla Kaia lub przyjaciółki Mii, która odwiedzała go w wakacje.

Nie będzie o tym paplać wszystkim ciekawskim, którzy do niego przybiegną, jak Hubert. Historia ta była dla niego zbyt ważna, by dzielić się nią z kimś tak niecierpliwym.

Wymagała czasu. Wymagała dużo czasu i chwili namysłu.

Ta historia była dla przyjaciół. Dla prawdziwych przyjaciół i dla najważniejszych osób.

Claudia J. Schulze

Anke Hartmann

Translation: AGIT Tłumaczenia; Michał Zielonka i Michał Wisz, Lublin, Poland

Thank you Dziękuję Merci

Contact: CJ.Schulze@gmx.de
Text: Claudia J. Schulze
Illustrated by Anke Hartman

We support these organisations:

http://www.wegweiser-hospiz-palliativmedizin.de/angebot/1258-kinderhospiz_sterntaler

http://www.tannheim.de/index.php/spenden.html

http://www.palliativzentrum-vs.de/

Please feel free to donate something if you like. Thank you.